LK 1

CONSIDÉRATIONS GÉNÉRALES

SUR

L'HISTOIRE DES ÉTATS

DU CAMBRÉSIS, DE L'ARTOIS, DU HAINAUT,
DE LA FLANDRE, DU TOURNAISIS ET DU BRABANT,

Par Alcibiade WILBERT,

Membre de la Commission historique du Département du Nord,
Vice-Président de la Société d'Émulation de Cambrai.

LILLE,
IMPRIMERIE DE VANACKERE, LIBRAIRE ET LITHOGRAPHE,
Grande Place, 7.

1846

CONSIDÉRATIONS GÉNÉRALES

SUR

L'HISTOIRE DES ÉTATS

du Cambrésis, de l'Artois, du Hainaut, de la Flandre, du Tournaisis et du Brabant.

L'origine des Etats de nos provinces est presqu'aussi ancienne que celle des Etats-Généraux de la France, qu'il ne faut pas confondre avec ses premières assemblées nationales (1).

C'est au commencement du XIVe siècle (2) que Philippe-le-Bel réunit, pour la première fois, les représentants du clergé, de la noblesse et de la bourgeoisie. Les questions qu'il leur donna à résoudre étaient purement politiques ; il voulait avoir une marche à suivre dans son différend avec le pape sur un point toujours débattu : *la séparation des deux puissances*. Depuis cette époque et sous le nom de députés des bonnes villes, la *bourgeoisie* eut *ses représentants* dans tous les Etats-Généraux.

---

(1) A la différence des *États-Généraux*, où la bourgeoisie était représentée et formait le troisième ordre, les *assemblées nationales* des premiers siècles de notre histoire n'avaient que deux corps délibérants composés, l'un des représentants du clergé, l'autre de ceux de la noblesse.

(2) Les historiens ne sont pas d'accord sur la date de la première réunion des États. D'après les auteurs de l'*Art de vérifier les dates*, cette réunion eut lieu le 10 avril 1303.

S'il est difficile aujourd'hui de dire quelles villes envoyèrent des députés à la première réunion des Etats-Généraux ainsi qu'aux assemblées qui furent tenues pendant le XIVe siècle, en 1308, 1328 et 1355, on ne peut nier que, dès l'année 1356, les villes de Lille, de Douai, d'Arras et de Tournai (1) étaient en possession de ce droit.

Le 2 mars 1350, le roi Jean ordonna à ses conseillers l'évêque d'Evreux et Rémon de Bucy de se transporter à Pont-Audemer, en *Normandie*, pour y convoquer la noblesse et les communautés des bonnes villes appelées à délibérer sur le subside qu'il leur demandait. Les délégués du roi exposèrent aux députés le sujet de leur convocation. Ceux-ci demandèrent un délai pour en délibérer, et, en se présentant au jour convenu, après avoir exposé leurs griefs contre les officiers royaux, ils accordèrent une imposition de six deniers pour livre, qui devait durer un an à dater du 1er mai suivant, et que l'on reconnut le besoin de donner à ferme par criées et subhastations, au plus offrant, par ville et par membre. Les nobles se présentèrent ensuite. On leur accorda, sur leur demande, jusqu'au lendemain pour délibérer, et, le lendemain, ils consentirent à la levée d'une pareille imposition sur leurs hommes justiciables, dans leurs terres et dans leur ville (2).

(1) « Dans le procès-verbal de 1356 sont nommées quelques-unes » des villes qui avoient envoyé des députés, savoir : celles d'*Amiens*, » de *Tournai*, de *Douai*, de *Lille*, d'*Arras*, etc. » (Henrion de Pansey.—*Histoire des Assemblées nationales*, chap. VI, page 97).

(2) Voir l'ouvrage intitulé ; « Des États-Généraux et autres Assem» blées nationales, édition de 1789, tome 8, pages 10, 11 et 12. »

Le 23 du même mois, les conseillers du roi et ses commissaires, chargés d'assembler à *Amiens* les barons et autres nobles ainsi que les communautés des bonnes villes de ce bailliage et du ressort afin de leur demander le subside par lui requis pour le fait des guerres ès-parties de Picardie, réunirent d'abord le maire et les échevins, et, sur l'exposé qu'ils leur firent des intentions du roi, en obtinrent pendant une année la levée d'une imposition déterminée sur certaines marchandises, et, sur toutes les autres, celle d'une imposition de quatre deniers par livre, dont la moitié devait rester entre les mains du maire et des échevins pour les pressantes nécessités de la ville (1).

Dans une ordonnance du 13 mars 1350, le roi dit que, pour obtenir une aide qui lui permît de continuer la guerre contre les Anglais, il a convoqué, à Paris, les communautés de son royaume, et que les procureurs des cités, villes et châteaux qui se sont présentés devant lui, munis de pleins pouvoirs, lui ont offert, pour un an, un subside de 50,000 livres tournois (2).

Une autre ordonnance du pénultième jour de mars 1350 porte qu'après avoir fait requérir par l'évêque de Laon les nobles, communes, échevinages et autres gens de ville du bailliage de *Vermandois*, de lui accorder une aide convenable, le roi en a obtenu une imposition de six deniers par livre sur toutes les marchandises qui se vendront pendant un an, à commencer du premier mai suivant, et que cette imposition doit être levée par deux prud'hommes élus par les commissaires du roi d'après

---

(1) Recueil des États-Généraux, tome 8, pages 13 et 14.
(2) Ibid, page 6.

le conseil des nobles et des gens des bonnes villes (1) ; suivant les articles 3 et 4 de la même ordonnance, ces impositions devaient être données à ferme.

En 1352, le roi ayant fait requérir par ses conseillers les prélats, chapitres et gens d'église, les nobles, les communes, échevinages et autres gens des villes du bailliage de *Vermandois* et du *Beauvoisis*, de lui faire une aide, on lui en accorda une de six deniers pour livre sur les marchandises qui se vendraient pendant un an (2).

En 1360, les Etats d'Artois accordèrent une somme pour la rançon du roi Jean (3).

Les mêmes États furent successivement convoqués en 1374, 1375, 1377, 1378, 1379 et 1380 pour accorder l'aide annuelle (4).

Ainsi, et dès la seconde moitié du XIVe siècle, la Normandie, l'*Artois*, la *Picardie*, le *Vermandois* et le *Beauvoisis* avaient des assemblées provinciales dont le premier devoir était de délibérer sur la répartition et le vote des subsides demandés par le roi.

« Par ses lettres du 16 juin 1361, le roi exempta les
» échevins, bourgeois, habitants et communautés de la
» ville de *Lille*, de l'aide imposée pour sa rançon,
» moyennant la somme de trois mille florins d'or, qu'ils
» s'engagèrent de lui payer pendant six ans de suite,
» et à laquelle les ecclésiastiques ne devaient pas con-
» tribuer (5). »

(1) Recueil des États-Généraux, tome 8, page 8.
(2) Ibid, page 16.
(3) Ibid, page 135.
(4) Ibid, pages 391, 392 et 393.
(5) Ibid, page 135.

On verra plus loin comment, à Lille, la noblesse et le clergé ne faisaient pas corps avec les Etats; ce que l'on doit ici remarquer, c'est que, déjà en 1361, ces États étaient constitués.

Il en devait être de même de ceux de Tournai. Il n'est pas, du moins, déraisonnable de le croire, lorsqu'on sait que, comme Arras, Lille et Douai, cette ville avait des représentants aux États-Généraux de 1356. Si elle ne l'avait pas fait jusque-là, elle a dû être alors amenée à confier l'administration de ses intérêts à ceux qui les avaient défendus dans les États-Généraux du royaume, ou du moins à des mandataires choisis dans leurs rangs.

Quant au Cambrésis, c'est à tort que l'on n'a pas donné à ses États une date antérieure aux dernières années du XVI° siècle.

On voit dans l'histoire de l'abbé Dupont (1) que, pour faire oublier les excès, les fautes, les désordres, les crimes de lèze-majesté et autres commis par les habitants de Cambrai depuis l'an 1578 (2), on reconnut, en 1595, le besoin de faire au roi d'Espagne des concessions. Les nobles, prévôt, magistrat, échevins, quatre hommes, bourgeois et manants, avaient alors des priviléges, franchises, libertés et coutumes dont la jouissance remontait à un temps immémorial (3). Sa Majesté catholique consentait à les respecter à la seule condition de voir, contrairement aux prétentions de l'archevêque, reconnaître sa souveraineté, et l'on accepta cette condition.

---

(1) Histoire de Cambrai, page 89.
(2) Ibid, page 91, art. I.
(3) Ibid, art. II.

S'il était besoin de prouver que les deux assemblées tenues dans cette circonstance étaient tout-à-fait extraordinaires, il suffirait de rappeler leur composition :

Dans la séance du 17 octobre 1595, les États se composèrent du bailly du Cambrésis, du prévôt, des échevins et des quatre hommes de la ville, et l'on y admit *en multitude* les principaux et les plus notables habitants. La délibération à prendre et qui fut prise, *en présence de tous, après longue communication et conférence,* tant du magistrat et des bourgeois par ensemble que séparément, *à sçavoir le magistrat à part et les bourgeois en la grande salle de l'hôtel consistorial,* avait pour objet la reconnaissance faite, *par la bouche du conseiller-pensionnaire, au nom du magistrat et des habitants,* du droit que l'on reconnaissait au roi d'Espagne d'instituer et de destituer le magistrat et d'exercer, sur la ville et ses dépendances, une *souveraineté seigneurie et autorité temporelle.*

Dans les circonstances ordinaires, je le prouverai plus loin, les États du Cambrésis se composaient des trois ordres, du clergé, de la noblesse et du tiers-état. S'ils n'appartenaient à aucun de ces ordres, quelque notables qu'ils fussent d'ailleurs, les habitants n'y pouvaient pas plus entrer en multitude qu'isolément ; jamais, comme représentant du tiers-état, le magistrat n'avait à conférer avec eux de l'avis qu'il s'agissait pour lui d'exprimer ; jamais, à plus forte raison, on ne leur reconnaissait le droit d'émettre un avis dans le sein des réunions, ni, pour en délibérer, de se retirer dans une salle particulière ; enfin les résolutions étaient arrêtées, non en présence de tous, mais sur le vote des trois ordres, et ce vote, chacun l'exprimait après en avoir délibéré dans la chambre où se retirait sa compagnie. Quant au conseiller-pensionnaire à qui, dans le Brabant, on donna un pensionnaire-adjoint (1) et dont la création, comme à Lille (2), remonte sans doute à l'époque où l'on reconnut le besoin de gens éclairés pour travailler aux affaires publiques, il était nommé par les Etats (3), et ce fait à lui seul suffirait pour établir que l'érection des États du Cambrésis est antérieure à l'année 1595.

C'était, dans le Brabant, le conseiller-pensionnaire qui mettait en délibération les diverses questions soumises aux États. Il n'avait que voix consultative, il est vrai, mais seul et dans toutes les occasions, il prenait la parole au nom de l'assemblée qui l'avait nommé (4).

Si ces diverses observations ne paraissent pas concluantes, voici quels nouveaux faits peuvent les appuyer :

A propos d'un procès engagé à Cambrai en 1732, dans l'intérêt des fabriques et des hôpitaux qui avaient des rentes sur les Etats, un avocat (5), celui des fabriques, faisait remonter l'érection des États du Cambrésis en 1595, quand l'avocat adverse (6) lui donnait une date

---

(1) Voir le Mémoire de M. Gachard sur la composition et les attributions des anciens États de Brabant, tome XVI des *Nouveaux Mémoires de l'Académie de Bruxelles.*

(2) Voir à la bibliothèque de Cambrai, manuscrit n° 1010. « Mé-
» moire sur les Intendances de la Flandre française, de la Flandre fla-
» mingante, de Hainaut, d'Artois et de Champagne, adressé au roi,
» en 1698. »

(3 et 4) Voir le Mémoire de M. Gachard.

(5 et 6) Voir dans les manuscrits de la bibliothèque de Cambrai, le carton n° 642.

de deux années moins ancienne. — Ce qu'il faut conclure de cette dissidence d'opinions, c'est qu'au siècle dernier, l'origine de l'histoire des États du Cambrésis était inconnue de ceux-là même qui avaient intérêt à s'en prévaloir. Ce qui prouve que bien avant les assemblées de 1595, les Etats du Cambrésis étaient constitués, c'est la mention qui en est faite : 1° dans un titre en date du 26 août 1515, publié sous le n° 69, des pièces à l'appui du mémoire rédigé en 1772, pour l'archevêque de Cambrai ; 2° dans un manuscrit de la bibliothèque de Cambrai, où l'on voit qu'en 1527, au mois d'août, lorsque le bruit se répandit à Cambrai que Tournai venait d'être vendu, MM. de la loi firent assembler les États, et qu'il fut par eux décidé qu'ils enverraient au roi une ambassade (1).

De nouvelles assemblées, entr'autres, furent tenues en 1550, le 4 novembre, en 1553, le 2 décembre, en 1561, le 27 mai et le 1er septembre (2).

Les États du Cambrésis n'ont pas plus été érigés en 1595, lorsqu'ils se réunirent pour reconnaître la souveraineté du roi d'Espagne, que les coutumes de cette province n'ont été établies en 1574, lorsque l'archevêque Louis de Berlaymont les publia.

Dans le Cambrésis et l'Artois, depuis l'origine des assemblées provinciales jusqu'à la révolution française qui les a dissoutes, le clergé, la noblesse et le tiers-état ont eu chacun dans les États du pays un nombre déterminé de représentants (3).

(1) Voir à la bibliothèque de Cambrai, manuscrit n° 887, page 84.
(2) Voir le même manuscrit. Il est également fait mention des États dans deux titres des orphelins, en date, le 1er, du 5 décembre 1580, le 2e, du 8 avril 1581.
(3) Mémoire sur les Intendances de la Flandre, etc.

Il en a été de même du Hainaut aussi longtemps qu'il est resté sous la domination de l'Espagne (1) ; les États du Tournaisis (2) et ceux du Brabant (3) avaient également leurs trois ordres.

Quant à la province de Lille, l'assemblée se composait du magistrat qui avait l'administration des finances de la ville et qui, en cette qualité, occupait le premier rang (4) ; des quatre seigneurs haut-justiciers chargés des finances de la campagne (5) ou de leurs baillys; des députés du magistrat de la ville de Douai et de ceux d'Orchies, qui représentaient la ville et son arrondissement.

Déjà, sous Louis XIV, les quatre seigneurs haut-justiciers se faisaient représenter par leurs baillys (6) qui avaient leur chambre à part, et ne se réunissaient au magistrat que lorsqu'il s'agissait d'un intérêt commun. Une salle était affectée à ces réunions particulières (7).

A cette époque aussi, les seigneurs de Mortagne, de Rhume, de Pecq, de Varcoing et d'Espienne, qui devaient siéger comme députés de la noblesse dans les

---

(1 et 2) Mémoire sur les Intendances de la Flandre, etc.

(3) Mémoire sur la composition et les attributions des anciens États de Brabant, par M. Gachard, archiviste-général du royaume (nouveau Mémoire de l'académie de Bruxelles, tome XVI).

(4) Mémoire sur les Intendances de la Flandre, etc.

(5) Les seigneurs haut-justiciers étaient, sous Louis XIV, le roi, à cause de la châtellenie de Lille, terre et seigneurie de Phalempin; le prince d'Epinoy, à cause de la terre et baronie de Cysoing ; le comte d'Egmont, à cause de la terre et baronie de Wavrin, et le prince de Chimay, à cause de sa terre et baronie de Comines. (Mémoire sur les Intendances de la Flandre.)

(6 et 7) Ibid.

États du Tournaisis, avaient leurs baillys pour représentants (1).

Les ecclésiastiques et les nobles n'assistaient ni à l'assemblée du magistrat de Lille et des députés du magistrat de Douai et d'Orchies, ni à celle des quatre seigneurs ou de leurs baillys, parce qu'ils n'étaient tenus de payer aucun subside (2); mais quelques jours après la clôture des travaux de ces assemblées, le gouverneur de la province les convoquait extraordinairement, et, réunis à Lille dans l'une des salles de la Maison-de-Ville, sous la présidence du gouverneur et de l'intendant, ils accordaient, en général, au peuple des villes et de la campagne, un vingtième et demi du revenu des biens par eux directement exploités (3).

Les États étaient convoqués par lettres de cachet. Ces lettres, dans le Cambrésis et dans l'Artois, étaient adressées à l'intendant de la province qui, après en avoir conféré avec le premier des commissaires royaux qui était ordinairement le gouverneur, fixait le jour de la réunion des États (4). D'accord sur le jour, l'intendant faisait remplir les lettres et les adressait à son subdélégué de Cambrai, qui les faisait à son tour parvenir à tous ceux qui avaient le droit de siéger aux États (5).

Au lieu de l'intendant, c'était, dans le Tournaisis, sur le grand bailly de la province que l'on se reposait du soin de la convocation des États (6).

Les États de Brabant étaient convoqués par le conseil de la province, d'après l'ordre du gouverneur-général, qui fixait l'époque de leur réunion (7).

(1, 2 et 3) **Mémoire sur les Intendances de la Flandre**, etc.
(4 et 5) **Ibid.**
(6) **Ibid.**
(7) **Mémoires de M. Gachard.**

La veille du jour indiqué pour la tenue des États, les deux commissaires du roi devaient être arrivés à Cambrai ; trois députés appartenant l'un au clergé, l'autre à la noblesse et le dernier au tiers-état, se rendaient chez le premier commissaire où le second commissaire les attendait, et ceux-ci leur donnaient l'heure de la réunion du lendemain (1).

Le jour de l'ouverture, dans l'Artois (2) comme dans le Cambrésis (3), les députés des trois ordres, réunis au lieu ordinaire de leurs assemblées, faisaient prévenir les commissaires du roi qu'ils les attendaient à la porte de la salle des Etats, pour leur en donner l'entrée.

A Arras, le gouverneur de la province, placé au fond de la salle, avait à sa droite et à sa gauche, sur la même ligne, l'intendant et le président du conseil d'Artois (4) ; le clergé bordait le côté droit de la salle. On donnait un fauteuil à l'évêque d'Arras, président-né (5) de l'assemblée, et à celui de St-Omer. Quant aux abbés et aux

---

(1 et 3) Manuscrit n° 887.
(2) Mémoire sur les Intendances de la Flandre, etc.
(4) Ibid.
(5) Ce n'est pas seulement dans le manuscrit que possède la bibliothèque de Cambrai qu'on voit que la présidence des États d'Artois appartenait de droit à l'évêque d'Arras. Le secrétaire perpétuel de la Société littéraire d'Arras, M. Harduin, dans des mémoires qui devaient servir à l'histoire de la province d'Artois et qui ont été imprimés, en 1763, chez Michel Nicolas, rue St-Géry, à Arras, après avoir dit, page 121 à la note, que l'évêque d'Arras dirigeait les discussions des États comme *chef et premier membre*, ajoute : « Les anciens droits et les
» fonctions de ces États ont subsisté, à différents égards, jusqu'en l'an-
» née 1749. Depuis un temps assez considérable, c'était toujours le
» prévôt, chef de la juridiction échevinale, que l'évêque nommait pour
» tenir sa place dans les assemblées ; le chapitre y était représenté par
» un de ses membres, et le troisième ordre par le lieutenant de ce
» prévôt. »

députés des chapitres, ils avaient des bancs à eux réservés et y prenaient place par ordre d'ancienneté de leurs bénéfices (1) ; le côté gauche était occupé par la noblesse, dans les rangs de laquelle il n'y avait pas de préséance (2) ; le tiers-état fermait le carré dont l'assemblée présentait l'image (3) ; les trois députés des États étaient, en quelque sorte, hors de rang, à un bureau placé devant le tiers-état, vis-à-vis les commissaires du roi (4).

Les dispositions prises dans les États du Cambrésis étaient à-peu-près semblables : Les deux fauteuils placés au haut de la salle étaient occupés, celui de droite, par le premier commissaire royal qui avait un carreau sous les pieds ; l'autre par l'intendant, second commissaire, à qui l'on ne donnait pas de carreau (5) ; à la droite des commissaires étaient les députés de la métropole, de St-Géry et de Ste-Croix (6) ; les abbés réguliers de St-Aubert, de St-Sépulcre et de Vaucelles, et le magistrat de la ville qui représentait le tiers-état, avaient leur place marquée de l'autre côté (7) ; la noblesse se plaçait vis-à-vis les commissaires ; sur la même ligne, et à l'extrémité du dernier rang, était le procureur-syndic des États, ayant à son côté leur greffier (8).

A Arras et à Cambrai, la séance commençait par la vérification des pouvoirs des commissaires royaux, puis l'intendant exposait la nécessité du subside demandé aux États, et, après avoir obtenu de l'assemblée la promesse qu'il en serait aussitôt délibéré, les commissaires se retiraient, et les députés qui les avaient accompagnés

---

(1 à 4) **Mémoire sur les Intendances de la Flandre, etc.**

(5 à 6) **Manuscrit n° 887.**

à leur entrée les reconduisaient jusqu'au bas de l'escalier.

Les États d'Artois ne se séparaient pas sans choisir leurs députés en cour nommés pour un an, à la différence des députés aux comptes dont les fonctions duraient trois années et qui, dans l'intervalle des sessions, avaient l'administration des intérêts des États (1).

La mission des députés en cour était de conduire auprès du roi les affaires recommandées à leurs soins, et à l'ouverture de chaque session, ils devaient rendre compte à leurs mandants du résultat de leurs efforts (2).

Les États de Brabant avaient également une députation permanente (3). Cette députation était composée de deux prélats, de deux nobles, du premier bourgmestre et d'un conseiller-pensionnaire de chacune des villes de Louvain, Bruxelles et Anvers (4). Les membres de cette députation devaient faire exécuter les résolutions prises dans les assemblées générales, assurer le service des rentes, ouïr et arrêter les comptes (5). Ils étaient tout à-la-fois ordonnateurs des dépenses et répartiteurs des vingtièmes à percevoir (6) ; quand il s'agissait de décharges ou de modérations d'impôt, ils devaient en référer à ces assemblées (7).

(1 et 2) Mémoire sur les Intendances de la Flandre, etc.
(3, 4 et 5) Mémoires de M. Gachard.
(6) C'est à l'année 1604 que remonte l'établissement de l'imposition du vingtième. « A cette époque, l'archiduc Albert qui gouvernoit les » Pays-Bas obligea les propriétaires et possesseurs de fonds à donner » une juste déclaration de la valeur de leurs maisons et héritages, et » sur le pied des déclarations qui furent faites, il fut arrêté que chacun » paieroit le vingtième du revenu. » (Voir le mémoire sur les Intendances dans la partie qui a pour objet le Hainaut.)
(7) Ibid.

Le mode de délibérer des trois ordres dans les États de l'Artois, du Cambrésis et du Brabant n'était pas tout-à-fait le même :

Dans l'Artois, « l'ancien usage était de s'assembler » pour entendre la proposition et la demande du prince » par ses commissaires, de se séparer ensuite en s'a- » journant à un mois ou six semaines pour délibérer » tant sur la demande du don gratuit que sur les autres » affaires de la province (1), » l'intervalle qui s'écoulait entre la première assemblée et la seconde, à laquelle on donnait le nom de *rejonction*, était consacré à l'examen des questions à résoudre.— Dans les circonstances difficiles, on profitait de cet intervalle pour déléguer, au nom des trois ordres, un membre chargé de faire à la cour des remontrances (2). Au jour convenu pour la rejonction, les trois ordres se retiraient chacun dans sa chambre particulière, et, pour communiquer les résolutions prises, la noblesse nommait quatre députés qui se rendaient dans la chambre du clergé. Là, et avant de faire connaître par l'organe de son greffier la résolution de leur corps, ils devaient attendre que le greffier du clergé leur eût fait une communication semblable (3). Après la députation de la noblesse, le clergé recevait celle du tiers-état qui se conduisait de la même manière. Puis la députation du clergé allait dans la chambre de la noblesse où les mêmes communications avaient lieu.— Quant au tiers-état, je n'ai pas vu que le clergé lui rendît sa visite.— Après les conférences particulières, les trois ordres se réunissaient dans une salle commune, et alors leurs conférences devenaient générales : Le greffier des

---

(1 à 3) Mémoire sur les Intendances de la Flandre, etc.

États exposait les difficultés à résoudre, les greffiers particuliers faisaient connaître les résolutions de leur corps, et quand deux des trois ordres étaient d'accord, le greffier des États le constatait dans un procès-verbal rédigé et lu aussitôt (1).

Chacun des trois ordres des États du Cambrésis délibérait séparément. Ils se réunissaient, à cet effet, le clergé dans la grande salle de l'abbaye de St-Aubert (2), la noblesse dans une salle de l'Hôtel-de-Ville (3), et les membres du magistrat dans leur collége (4). Puis les délibérations prises et lorsqu'il s'agissait d'en constater le résultat, tous rentraient dans la salle des États (5). Alors le député du clergé recueillait les voix (6), et le procès-verbal de cette opération était rédigé par le greffier des États qui en remettait un exemplaire à chacun des trois ordres (7).

Les États de Brabant avaient chaque année deux sessions, l'une en avril, l'autre en novembre (8). Le chancelier de Brabant ou, à son défaut, le plus ancien des conseillers, venait, en novembre et en qualité de commissaire, demander pour l'année suivante le subside qui s'élevait à douze cent mille florins, et, pour six mois, la continuation des impôts établis sur le vin, la bière, les farines et la viande, que l'on appelait les quatre espèces de consommation (9).

La session d'avril avait pour objet d'assurer le service des impôts pendant les six autres mois de l'année (10). Les prélats et les nobles demandaient d'abord l'avis des

---

(1 à 7) Voir le règlement de 1670, art. IX, X et XI.
(8 et 9) Voir le Mémoire de M. Gachard.
(10) Ibid.

bourgmestres et pensionnaires des trois chefs-villes de Louvain, Bruxelles et Anvers présents à l'assemblée générale ; ceux-ci le donnaient, puis se retiraient de la séance, après quoi la noblesse et le clergé délibéraient ensemble, et, d'accord, formulaient leur résolution sous cette réserve : « Pourvu que le tiers-état suive et autrement pas (1). » — L'acte d'accord des prélats et des nobles était remis au gouverneur-général, qui l'acceptait provisoirement et l'envoyait ensuite avec son acceptation aux magistrats des trois chefs-villes.—Ceux-ci devaient demander, sur son contenu, l'adhésion des différents corps qui représentaient leur commune, et, cette adhésion donnée, le chancelier ne la recevait que pour la transmettre au gouverneur qui s'occupait aussitôt de l'acte d'acceptation définitive (2).

J'ai dit que, le 23 mars 1350, les États de la Picardie, alors réunis à Amiens, établirent sur les marchandises une imposition dont la moitié devait rester entre les mains du maire et des échevins *pour les pressantes nécessités de la ville*, et cette particularité, qui ne peut être isolée dans l'histoire des États, je la rappelle ici comme une preuve à l'appui de l'avis que j'ai exprimé sur le caractère de leur première constitution. Il me parait difficile de douter que, parmi leurs nécessités les plus pressantes, les villes alors avaient placé le soin de leur défense.

Au nombre des intérêts dont le soin devait être exclusivement confié aux *assemblées provinciales*, M. Necker, dans son rapport au roi, mettait, en 1778, « la réparti-
» tion de la levée des impositions, l'entretien et la cons-

(1 et 2) Voir le Mémoire de M. Gachard.

» truction des chemins, le choix des encouragements
» favorables au commerce, au travail en général et au
» débouché de chaque province en particulier. » Des
besoins du même genre ont successivement occupé les
États du Cambrésis : les contributions par eux décrétées
ont eu pour objet, à diverses époques, l'érection des
grandes et petites boucheries, la restauration de l'Hôtel-
de-Ville, le pavement des rues, le nettoiement de l'Es-
caut dans la partie qui traverse Cambrai, l'établissement
des maisons des Jésuites, des Récollets et des Capucins,
les fournitures de coucher, chauffage et logement des
troupes de la garnison (1), et, plus tard, la construction
des casernes qui ont coûté plus de douze cent mille florins (2).

Ces contributions ont été établies en 1608 sur l'eau-
de-vie, en 1641 sur la bière et en 1642 sur le vin (3).

Des réglements ont été donnés aux États du Cambrésis le 6 juillet 1654, le 24 mai 1658, le 24 août 1665 et
le 9 décembre 1670. D'après le dernier, qui rappelle les
trois autres, ces réglements ont eu tous pour objet prin-
cipal le paiement des rentes constituées par les États et
reconnaissance de leurs dettes. Le réglement de 1670
porte, art. 59 et 61, que, trois ans de suite, on percevra
à cet effet un vingtième sur les loyers qui s'élèveront annuellement à plus de vingt florins. D'après les art. 77
et 78, au lieu de la franchise des impôts dont ils avaient
joui jusque-là, les capitaines des seize compagnies bour-
geoisés, exempts de logement si ce n'est dans les cas
extraordinaires et lorsque le magistrat y était lui-même

(1, 2 et 3) Manuscrit de la bibliothèque de Cambrai, carton n° 642.

assujetti, devaient annuellement et à titre d'honoraires recevoir une somme de soixante florins.

Les recettes faites à Cambrai, dans les premières années du XVIIIe siècle, s'élevaient à 186,552 florins 10 patards. Elles étaient ainsi divisées :

Recette des États................	87,608 fl.	15
id. des fortifications..........	20,237	
id. du domaine..............	78,706	15
Ensemble (1)....	186,552 fl.	10

Quant aux charges des États, elles résultaient des rentes par eux constituées, et ces rentes eurent pour principale cause le refus de la noblesse et du clergé de prendre leur part des charges communes (2).

Informé du non-service des rentes et pénétré du besoin

---

(1) Voici comment se subdivisaient ces trois recettes :

Recette des États.—Pour les 3/4 de la ferme de la Braye, année commune, le 7e prélevé sur le tout et avant part pour la fortification.	67,366 fl.	10 p.
3/4 de la ferme au vin..................	6,554	15
Ferme du patard au mencaud............	3,285	10
Pied fourchu, y comprises les indemnités payées par la ville...................	8,608	»
Indemnité des toilettes.................	1,800	»
	87,608	15
Recette des fortifications. — 7e de la ferme à la Braye................ 15,000 fl.		
1/4 de la ferme au vin........ 2,200	20,237	»
1/4 de la ferme du bois à brûler et de charpente............... 3,037		
Recette du domaine...................	78,706	15
Ensemble......	186,552	10

(2) Voir à la bibliothèque de Cambrai, dans le carton n° 642, un Mémoire de l'avocat Godefroy.

de remédier aux abus qu'on lui avait fait connaître, le conseil du roi catholique envoya à cet effet des commissaires à Cambrai en 1654, 1658 et 1665, et, sur leur rapport, il nomma une junte d'autres commissaires pour faire un réglement en conséquence.

C'était là malheureusement une mesure sans portée, personne ne l'ignorait, ni les commissaires délégués, ni les debi-rentiers des États. Aussi resta-t-elle inefficace.

La convocation des États des diverses provinces avait pour premier objet le vote du subside demandé par le roi, et ce n'est pas sans doute avec la seule province de Bretagne, comme on l'a vu en 1671, que, satisfait de la *bonne grâce* que l'on avait mise dans l'expression de ce vote, Louis XIV s'est avisé de se montrer généreux. Alors, comme Mme de Sévigné l'écrit à Mme de Grignan, la libéralité du prince devenait une preuve de *ses bontés infinies*, des banquets étaient donnés pendant lesquels *on cassait tous les verres après avoir bu sa santé*, et quand on les quittait pour ceux qui s'y étaient réunis, *toute la province était ivre* (1).

Il faut voir dans Mme de Sévigné (2) quelle idée on se faisait alors de l'administration des provinces : « On a,
» dit-elle, donné cent mille écus de gratification : deux
» mille pistoles à M. de Lavardin, autant à M. de Molac,
» à M. Boucherat, au premier président, au lieute-
» nant du roi, etc. (cet et cœtera appartient à Mme de Sé-
» vigné), deux mille écus au comte des Chapelles, autant
» au petit Coëtlogon ; *enfin des magnificences. Voilà une province !* »

(1) Voir la lettre du 19 août 1671.
(2) Ibid, du 6 septembre 1671.

Ainsi, et déjà sous Louis XIV, les pays d'État n'étaient pas plus heureux que les pays d'élection (1). Si, comme dans les pays d'élection, on ne voyait pas dans les pays d'État l'administration confiée à « la volonté arbitraire » d'un seul homme, tantôt présent, tantôt absent, tantôt » instruit, tantôt incapable, » qui considérait sa position comme un acheminement à un poste plus élevé et pensait plutôt à complaire à ceux desquels il attendait son avancement qu'à donner un caractère de durée aux établissements fondés sous ses yeux (2), des trois corps qui avaient à s'occuper des intérêts du pays, un seul, le tiers-état, devait supporter toutes les charges. En vain, comme à Cambrai, il contestait partout à la noblesse et au clergé les priviléges dont ils se prétendaient en possession, après avoir énergiquement déclaré que ce qu'il leur voyait faire, il le ferait, il finissait par subir leur joug, et si, comme en Bretagne, en 1671, il arrivait qu'on lui fît une remise sur la quotité de l'aide qu'il avait votée, c'est par des transports d'enthousiasme qu'il exprimait sa reconnaissance.

Pour juger des nécessités politiques qui motivèrent, en 1789, la convocation des États-Généraux, il faut consulter, entr'autres, le cahier des instructions et des pouvoirs que le clergé et le tiers-état du bailliage de Bruyères en Loraine donnèrent alors à leurs députés ; ce qu'ils devaient réclamer, disait-on, c'était :

---

(1) On sait que, dans les pays d'élection, à défaut d'une assemblée des trois ordres appelée à voter et à répartir les impôts, on avait confié cette répartition à des fonctionnaires salariés dont les délégués, sous le nom d'élus, dans leurs chevauchiés qui commençaient après la récolte, avaient pour mission d'examiner les ressources de chaque paroisse.

(2) Voir le Mémoire présenté, en 1778, au roi, par M. Necker.

Le vote de l'impôt par les États-Généraux, afin de prévenir le retour des dépenses folles et peu réfléchies, ainsi que celui des largesses immodérées ;

Sa répartition proportionnelle en raison des forces, des revenus et des facultés de chacun ;

La liberté individuelle et, par suite, l'abolition des lettres de cachet et de toutes les mesures arbitraires ;

La constitution de l'éducation publique, de manière à lui devoir des hommes vertueux et utiles et dévoués à leur patrie ;

L'extinction de la mendicité ;

L'égalité des peines sans distinction d'ordres et d'états ;

La consolidation de la dette publique, comme une garantie nécessaire aux créanciers de l'État ;

L'inviolabilité des propriétés et leur aliénation forcée dans le seul cas où l'utilité publique l'exigent ;

Les prestations en argent substituées aux corvées ;

Enfin la liberté de l'agriculture et du commerce, et, comme une conséquence, la suppression des barrières intérieures et leur reculement à la frontière (1), ainsi que le rachat des droits domaniaux et seigneuriaux sur les bestiaux propres au labour.

Dans une brochure publiée après la dernière convocation des États-Généraux, sous ce titre : « *La ressource de l'Artois,* » on lit :

---

(1) Les États-Généraux de 1614 firent une pareille demande au roi. Alors, comme à la fin du XVIIIe siècle, les droits étaient levés sur tout ce que l'on transportait d'une province à l'autre, *tout ainsi que si c'était un pays étranger.* Il en résultait, disait-on, que les sujets du roi ne se considéraient pas comme membres d'une même famille. (Voir dans la collection des Mémoires présentées en 1787 à l'assemblée des notabilités, la page 5 de celui qui a pour objet l'établissement des assemblées provinciales.)

« C'était aux États d'Artois, même à son comte, que
» le mandement pour convoquer intégralement les trois
» ordres de cette province, à l'effet de député aux États-
» Généraux, aurait dû être adressé. » La convocation
eut lieu par bailliage, et l'on voit dans la même brochure
que le tiers-état se prévalut de cette particularité pour
refuser constamment, à Arras, dans l'assemblée des trois
ordres, de communiquer avec la noblesse et le clergé.

D'après une autre brochure de la même époque, adressée *à la nation artésienne, sur la nécessité de réformer les États d'Artois*, on devait considérer les États provinciaux comme l'assemblée des représentants de tous les ordres chargés de leurs pouvoirs et choisis par eux, et dans l'assemblée du clergé, on ne pouvait reconnaître ce caractère aux évêques, que personne n'avait choisis, aux abbés réguliers qui devaient leur délégation à leur qualité et non au libre choix des religieux à la tête desquels ils étaient placés. « De quel droit, disait-on dans la même
» brochure, a-t-on exclu les curés et tous les autres ec-
» clésiastiques, la classe, sans contredit, la plus nom-
» breuse, la plus utile de ce corps, la plus précieuse par
» ces rapports touchants qui l'unissent aux besoins et
» aux intérêts du peuple ? » — Quant à la chambre de
la noblesse, elle était, disait-on encore dans cette brochure, composée d'individus dont le droit dérivait du nombre de leurs quartiers ; et dans le tiers-état, on ne voyait que des députés nommés par les corps municipaux et non par les habitants des villes, et la composition des corps municipaux était confiée par les États à neuf électeurs dont trois seulement appartenaient au tiers-état.

Pour prouver que sous l'administration des États les Artésiens n'étaient pas libres ; qu'ils ne jouissaient pas du droit de s'administrer eux-mêmes ; qu'ils n'avaient pas davantage celui d'accorder ou de refuser les impôts, on disait dans la première brochure que, fondée sur des chartes, des traités, des capitulations qui devaient céder aux moindres caprices du despotisme ministériel, leur liberté n'était qu'illusoire, que le pays n'était pas administré par lui-même puisque les divers membres des États ne tenaient pas de lui leurs pouvoirs, et, quant au vote de l'impôt, que le seul droit qu'on reconnaissait aux États était d'en déterminer la perception et l'assiette.

Ces observations n'ont pas besoin de commentaires.

Pour soumettre toutes les parties du royaume aux mêmes lois et rendre constitutionnellement égaux les Français des diverses provinces, Siéyès proposa à l'assemblée nationale la division administrative de la France en départements. Cette proposition fut décrétée en 1790 (1), et l'on décida alors que, du jour où les administrations de département et de district seraient formées, les États provinciaux, les assemblées provinciales et les assemblées inférieures alors établies cesseraient leurs fonctions (2), et qu'il en serait de même des commissaires départis, intendants et subdélégués (3).

C'est en vertu du même décret que les deux Flandres, le Hainaut, le Cambrésis, l'Artois, le Boulonnais, le Calaisis et l'Ardresis formèrent alors deux départements.

Ce qu'on doit dire des modifications apportées en France à cette organisation, c'est qu'elles ont eu pour objet et pour résultat de remédier aux abus qui existaient dans l'administration des pays d'État, comme dans celle

---

(1) Voir le décret.
(2 et 3) Ibid, section III, art. 8 et 9.

des pays d'élection, et qu'elles doivent une amélioration aux dernières lois qui ont déterminé les attributions et les devoirs des conseils d'arrondissement et de département.

LILLE.—Imp. de VANACKERE, Libraire, Grande-Place, 7.

www.ingramcontent.com/pod-product-compliance
Lightning Source LLC
Chambersburg PA
CBHW060623050426
42451CB00012B/2402